未来を変えるメッセージ

みんなのSDGs

Messages to change the future, Everybody's SDGs.

作／水谷孝次 & MERRY PROJECT　絵／てづかあけみ

リベラル社

ここはみんなが暮らしている地球。

Everyone is living here on Earth.

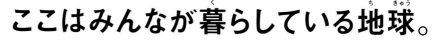

温かいところ、寒いところ、海、山、空、土の中、
大自然の中で、いろんな生きものが生きている。

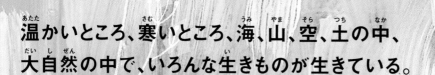

Whether it's warm or cold,
near the sea or in the mountains, in the sky,
the soil or the wilderness,
many creatures live on this Earth.

いろいろな木が生えて、花が咲いて、実がなって、
そこにさまざまな動物が集まり、人間が生活している。

So many varieties of trees, beautiful flowers bloom,
so many species of animals and different types of people
living so many different lives.

そう、人間も自然の一部なんだ。

People are also a part of the Earth.

そして地球には
約**78**億人の人間が生きている。

There are about 7.8 billion people living
on Earth, and each one is unique.

宇宙に数ある星のひとつ、地球。
丸い地球には、水があり空気がある。
もしも、あと少し太陽に近かったり遠かったりしただけで、
地球上にいる生物は生きられない。

奇跡のバランスで生命が成り立っている
豊かで恵まれた星、地球。

Each individual star carries its own universe.
But there is water and soil here on our planet.
If we had been any closer or farther from our sun,
we would not be able to live.
But as such, there is a delicate balance
in our world that lets us live our lives.

その地球に住む
私たちはなんてラッキーなんだろう。

How lucky we are.

1 2 3 4 5 6

地球は **46** 億才、
人間でいうと中年。

地球に人類が生まれたのは **500** 万年前。

Earth is 4.6 billion years old.

That's about halfway through its life span.

The human race was born on this planet 5 million years ago.

7　8　9　10　11　12

地球の歴史を**1**年にたとえると、
人間は**12**月**31**日の午後**2**時**30**分に生まれたばかり。

If we shrunk the history of Earth down to one year,
humans would have been born on December 31st at 2:30 PM.

人間は地球上で、とても新米な存在なんだ。
Human existence on this planet has been very short.

でも、この1日で
地球は大きく変わってしまった。

それは
地球にいるみんなが、
ようやく気づきはじめたこと。

But on this day of birth,
Earth changed greatly.
Because people have started to realize...

自然がけっしてやらないことを
人間がしてしまっている。

the Earth would never do.

地球をリンゴにたとえたら、
大気は皮くらいの薄さしかない。

大気があるから、さまざまな生物が生きている。
大気があるから、空が青い。
大気があるから、音が聞こえる。
大気はまるで魔法のカーテン。

でもそれを、人間が汚し、やぶいてしまった。

If the Earth were an apple,

the atmosphere would be as thin as of the skin.

Various organisms live because of the air.

The sky is blue because of the air.

Sounds are heard because of the air.

It's like a magic curtain.

But then people have begun to stain and tarnish it.

地球の約 **70**%は海。
水は温まりにくく、冷めにくい。

それは平均**15**℃という
快適な水蒸気の毛布があることと同じ。

ところが、そんな海を汚してしまった。

The Earth is 70% water.

Water is difficult to warm up or cool down.

The average temperature of the water is 15°C

It's a lot like having a comfortable blanket made of mist.

But people have made this water dirty.

森林と海は、
地球の天然空気清浄機。
人間の暮らしによってはきだされた
過剰なCO_2の半分近くを吸収してくれている。
でも世界中の森林が1990年以降、
毎年ものすごい勢いで失われつつある。

1年で、オランダとスロベニアを
合わせた面積が
砂漠化しているんだ。

The sea and forests are natural air fresheners.
They clean half of the CO_2 that people breathe out into the atmosphere.
But forests around the world
have been destroyed at an alarming rate since 1990.

Forests with a total area equal to the Netherlands and Slovenia are destroyed each year.

オランダは九州、スロベニアは四国とだいたい同じ面積。
The Netherlands is nearly as large as the islands of Kyushu of Japan, while Slovenia is as large as Shikoku.

地球だって、ひとつの生き物。

1日1回転しているのはもちろん、
地震や火山噴火、台風などは地球が生きている証拠。

Earth itself is a living thing.
Every day it revolves once,
earthquakes and volcanic eruptions occur on its surface,
and even typhoons are evidence that it is alive.

ハワイは毎年約**10**cm日本に近づいている。
エベレストは毎年高くなっているんだ。

Hawaii gets 10cm closer to Japan every year.
Mount Everest gets taller every year.

水も、空気も、
そして地球も、
自然はたえず、めぐり
まわっているんだ。
そう、それはまるで
メリーゴーラウンドのよう。

Merry-Go-Round!

Earth holds the atmosphere,
the moisture and nature
and keeps on revolving.
It's like a Merry-Go-Round!

体のしくみも自然のすがた、そのもの。

Our bodily functions are a natural occurrence.

私たちの体の約70%は水分だ。

About 70% of the human body is made up of water.

<ruby>全<rt>ぜん</rt>身<rt>しん</rt></ruby>の<ruby>血<rt>ち</rt></ruby>はたった
1〜2<ruby>分<rt>ふん</rt></ruby>で<ruby>体<rt></rt></ruby>じゅうをめぐっている。

And our blood circulates throughout our bodies in just 2 minutes.

豊かな暮らしを求めた人間だけが、
「めぐり」を考えないことを次々と行なってしまったんだ。
地球温暖化、大気汚染、森林伐採、酸性雨、公害…
さまざまな環境問題。

猛毒を土に埋めつづけるなんて、
もっとも「めぐり」を考えていない行為。

People who crave an affluent life do not bother with this information.
Air pollution, global warming, deforestation, acid rain, contamination...
Destroying our environment.
Poison in the ground is evidence of our lack of
understanding of the circulation needed in our natural system.

地球上には人間が引き起こした問題が山積み。
人間同士の争いや格差も生まれている。
近い将来、化石燃料は限界をむかえ、
さらに地球の人口は爆発的に増加する。

限りあるエネルギー、食糧、水を奪い合い、
戦争を起こすかも知れない。
それも「めぐり」を考えていないせい。

People are not giving back to the Earth
from which they take so much.
Disparity and conflict between humans
have also caused problems in nature.
In the near future, we must come time terms with
fossil fuels' limits and Earth's surging population.
People might trigger wars
for limited energy, food, or water.
This too comes from not thinking
about the cycle of life.

私たち人間は、
自然から、もっと教えてもらおう。
自然にもっと感謝しよう。

人間には、魔法のチカラがあるんだ。

Let's learn more from nature.
Let's thank nature more.
Humans have the power to create magic.

それは、
「えがお」。

「笑顔」になるとそれだけで、
みんなのまわりが
めぐり出す、動き出す、つながり出すよ。

That is a "smile".
When people "smile",
connections are born between people and Earth.

笑顔はメリーゴーラウンド。
年齢、性別、国籍…
関係ないよ。
いつでも、どこでも、だれでもできる。
どんどん笑顔の種をまこう。

Smile are a Merry-Go-Round.
Age, gender and nationality don't matter.
Everyone is equal.
Let's spread the seeds of smiles.

そうすれば、
地球全体にめぐっていく。

どんどんどんどん
どんどんどんどん

みんなが大人になった時や、
もっと未来の世代へも、
つながっていく！ 続いていく！

Lead the way. Go on! Go on!
For when children grow up
and for future generations to come.

未来を守るため、
世界中の人が集まって決めた

SDGsという目標があるんだ。

People from across the world
gathered to protect the future : SDGs were born!

地球のため、笑顔のため、
自分ができるアクションって？

For the Earth and everyone's smile What can I do?

みんなが
笑顔になることを
想像してみよう。

Let's imagine
everyone smiling here on Earth.

 自然エネルギーで電気をつくる
Generate and use natural energy.

 野菜や果物を育てる
Grow fruits and vegetables.

 使わない電気はこまめに消す
Don't use excess electricity.

 水を大切に使う
Use water carefully.

モノを大切に使う
Use things with care.

ごはんを残さず食べる
Don't waste food.

みどりを増やす
Increase green spaces.

友だちと仲良くする
Get along with your friends.

 知らない人にやさしくする
Be friendly to people you don't know.

 住みやすい街をつくる
Make the city livable for everyone.

 美しい景色を守る
Protect the beautiful natural scenery.

 伝統や文化を受けつぐ
Preserve the culture and traditions handed down to you.

 14 海の豊かさを守ろう
海のゴミを拾う
Clean the sea
and the beach.

 16 平和と公正をすべての人に
ボランティアに参加する
Volunteer.

 1 貧困をなくそう
寄付をする
Make
donations.

 17 パートナーシップで目標を達成しよう
困った時に助けあう
Help each other when needed.

 4 質の高い教育をみんなに
生命を大切にする
Cherish all living things.

お父さん、お母さんが笑顔になることは？
おじいちゃん、おばあちゃんは？ お友だちは？

あらゆる問題を解決し、仲良く生きていくために、
笑顔で協力して、みんなでアイディアを話し合おう！

What makes your father and mother smile?
What about your grandpa? Grandma? What about your friends?
We should all smile, cooperate, and share our ideas
in order to solve the world's problems and live together happily.

子どもたちの笑顔は、未来への希望。
みんなが笑顔になることで、
地球は笑顔の星になる。

Children's smiles give hope for our future.
If everyone smiles, the Earth will smile, too.

笑顔は世界中の人がつながるチカラをもっている。
みんなに笑顔をあげよう。
そうすれば、きっとあなたに笑顔が返ってくる。

みんなで笑顔の地球をつくろう!
未来の子どもたちも、ずっと永く地球に暮らせることを願って…

A smile has the strength to bring people together.
Let's give this strength to the Earth.
If you do, a smile will come back to you!

Let's make the Earth smile together!

So that future generations can continue living on our beautiful Earth.

未来をSDGsアクションで、笑顔いっぱいに。

誰もが、いつでも、笑顔で暮らせる地球であるために、ほんとうに大切なものは何でしょうか?

貧しい国では、安全な飲み水や教育が足りません。豊かな国では、愛と思いやりが足りません。
お金がすべてという価値観では、強欲で身勝手な資本主義に走りがちです。
地球にある化石燃料もあと少し、もうすぐ無くなると言われています。
そのとき人間は、そのエネルギーの基となる燃料を取り合って、戦争をするかも知れません。
さらに地球の人口もあっという間に100億人になります。その時、食糧はどうするのか?
今こうしている間にも、エネルギー問題・環境問題・経済問題などが、次々に起こっています。

民族・人種の対立、アメリカの分断・貧富の格差が、ますます激しくなっている現代。
人々は多くの問題を抱え、社会全体がネガティブになっている。みんなが自信を失っているように思えます。
そんな社会を見直して欲しい。何のために生きているのか? 何のために仕事をしているのか?
その先にあるのは何なのか?儲けたお金を、どう使うのか?人や社会や地球にどう還元するのか?
それをもっとみんなで真剣に考えていく必要があります。
戦争のない恵まれた国のように見えるこの日本では、年間3万人近い人が、自ら命を絶っています。
幸せの意味を問い直して欲しい。
お金やモノだけでは幸せになれないことに、私たちはもっと早く気付くべきでした。

私はもともと、人を幸せにしたくてデザインの仕事を始めました。
新しい価値を創造して発信し、人の心を動かすのがデザインだと思っています。
いま企業だけでなくみんなが、自分自身どう生きていくか「デザイン」していくことが必要です。
お金のためとか、名誉のためとかではなく、人のため、社会のため、地球のために、どう行動するか?
私たち一人ひとりがSDGsアクションを実行することが、とても大切だと思います。
自分のためだけでなく、地球上に生きる一人ひとりの幸せに貢献することを考えて行動することが重要です。
みんなでアイディアを出して、多くの問題を解決し、仲良く笑顔で、協力し合い生きていくことが大切です。
そして究極のゴールは「地球を笑顔にする」こと。
これが私の考える「MERRY SDGs」です。

「MERRY」この言葉の意味って何だと思いますか? 「MERRY」は「メリークリスマス」の「メリー」。
「楽しい・幸せ・夢」という意味です。素敵な言葉だと思いませんか?

「あなたにとってMERRYとは、何ですか?」
私は1999年からずっと、このシンプルな質問を世界中の人々に投げかけ続け、
これまで世界33カ国5万人以上の笑顔とメッセージを取材しました。
2500年前に、ブッダは同じことを「和顔愛語」という言葉で教えてくれました。
「何もあげるものがないなら、笑顔とやさしい言葉をあげなさい。
そうすれば、あなたに笑顔とやさしい言葉が返ってきますよ」

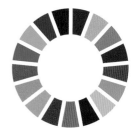

私たち「MERRY PROJECT」の根っこにあるのは、この「和顔愛語」の心です。
笑顔とメッセージに込められた、一人ひとりの「MERRY」な想いと、
地球を大切に思う気持ちは、国境を越えてつながっていくと思います。

以前、私がアフリカ大陸のケニア・ナイロビを訪ねた時のこと。
「あなたにとってMERRYとは何ですか?」と問いかけた私に、ある少女は「YOU」と答えてくれました。
「あれっ? 意味が伝わっていないのかな?」
いぶかしげな表情の私に、彼女は涙を流しながら、こう言ったのです。
「私は今まで笑ったことがない。MERRYなんて考えたこともない。今日、初めて笑ったし、
初めてMERRYとは何かを考えた。私にとって今日は最良の日。私にとってのMERRYはあなたよ」
思わずシャッターを押す手が止まった。彼女は確かに「YOU」と言いました。
こんなことは、それまで一度も言われたことがありません。
人を幸せにすること、人を楽しませることこそが究極のデザイン。
私は自分の仕事で求めていた答えに、ようやくたどりついた気がしました。

子どもたちの笑顔は、未来への希望です。それは、かけがえのない地球の宝物なのです。
今、世界中が様々な問題に直面していますが、こんな時こそ「笑顔」が大切です。
「人間には、マイナスがあるからプラスがある。ほんとうに悲しい時こそ笑った方がいい。
笑顔には人を幸せにするパワーがあるんだ」と思います。
それが人間の強さであり、美しさなのです。
国が違って、言葉が通じなくても、笑顔と笑顔で交流すれば、心がつながる瞬間を感じられます。

私のデザインした「笑顔の傘」が、北京オリンピック開会式のオープニングセレモニーで披露されました。
「Merry Umbrella Project」では、世界中の子どもたちの笑顔がプリントされた傘を一斉に開き、
未来への希望や平和への願い、笑顔のエールを世界中に届けています。

私は地球上のあちこちで「MERRY」な交流を生み、笑顔を伝染させたいと思います。
誰かの笑顔が、地球をぐるりとめぐって、あなたに笑顔を運んでくれる。
笑顔がつなぐ「MERRY」のリレーに、国籍も人種も宗教も関係ありません。
みんなの笑顔で、地球を元気にしたい。平和や希望、生きる勇気の尊さを伝えたい。
この地球を笑顔で満たすためには、もっともっと大きなエネルギーが必要です。
あなたにも、力を貸して欲しいのです。地球上に生きる、みんなのチカラが必要です。

もちろん、地球上の難問すべてが、笑顔で解決するわけではありません。
世界中の人々が、新しい時代のニューノーマル・ニューアイデア・ニューテクノロジー・ニューデザインに
挑戦しています。そんな中で私は、笑顔あふれる共生社会の空気をデザインしていきたいと思います。
そのアクションで、多くの人々を巻き込み、より前向きに社会問題の解決に取り組みたいと考えています。

「MERRY」な笑顔を増やすことを一番に考える社会。みんなを笑顔にして、自分も幸せになる。
まさにメリーゴーラウンド。そんな生き方を、私は「MERRY主義」と名付けました。
地球が笑顔でいっぱいになることを考えると、ワクワクしませんか?
さあ、みんなで一緒に笑顔を増やしていきましょう!

水谷孝次

[著者プロフィール]

水谷孝次 (みずたに こうじ)

1951年名古屋市生まれ。1977年日本デザインセンター入社。NPO法人MERRY PROJECT代表。1982年東京ADC賞、JAGDA新人賞、95年N.Y.ADC国際展・金賞・銀賞、98年ワルシャワ国際ポスタービエンナーレ展金賞など、国内外の賞を受賞。99年より「MERRY PROJECT」を開始。05年愛知万博「愛・地球広場」にて「MERRY EXPO」を展開。08年北京五輪開会式では芸術顧問として招聘。10年上海万博、12年ロンドン五輪、国連持続可能な開発会議（RIO+20）他で、「笑顔の傘」が世界に発信された。11年3月、東日本復興支援プロジェクトをスタート。これまで世界33カ国で撮影した50,000人以上の笑顔とメッセージを取材。これらの活動に対して第50・52・54・58回グッドデザイン賞、キッズデザイン賞、Make a CHANGE Day 優秀賞トヨタ自動車賞、第1回エコアート大賞エコ・コミュニケーション賞他受賞。著書に『デザインが奇跡を起こす』（PHP研究所）・『はーい、にっこり!』（女子パウロ会）等がある。TBS系列「情熱大陸」に出演。17年→21年東京2020オリンピック・パラリンピック競技大会公認・渋谷区文化プログラム企画運営。東京2020オリンピック大会聖火ランナーに選出。2025年大阪・関西万博共創パートナー／チャレンジ認証。

てづかあけみ

日本児童出版美術家連盟会員

1998年よりフリーランスでイラストレーターとして活動。『はじめてのうちゅうえほん』（パイインターナショナル）などの、はじめてシリーズ絵本が多数。その他、『パノラマせかいりょこう』（コクヨS&T）などの著書がある。雑貨などのイラストも手がける。

アートディレクション	水谷孝次（NPO法人 MERRY PROJECT／株式会社水谷事務所）
編集・デザイン	柄本綾子（株式会社水谷事務所）・金田あさみ（NPO法人 MERRY PROJECT）
英訳	Maiya Wiester・Coline Cordeau
制作・営業コーディネーター	仲野進（リベラル社）
編集人	伊藤光恵（リベラル社）
営業	澤順二（リベラル社）

※本書は2014年にPHP研究所から発刊された『地球はメリーゴーラウンド』を改変・再編集したものです

未来を変えるメッセージ みんなのSDGs

2021年3月16日　初版
2021年7月 4日　再版

作　水谷孝次 & MERRY PROJECT
絵　てづかあけみ
発行者　隅田直樹
発行所　株式会社リベラル社
　　　　〒460-0008 名古屋市中区栄 3-7-9 新鏡栄ビル 8F
　　　　TEL 052-261-9101　FAX 052-261-9134　http://liberalsya.com
発　売　株式会社星雲社（共同出版社・流通責任出版社）
　　　　〒112-0005 東京都文京区水道 1-3-30
　　　　TEL 03-3868-3275